AF728655

13708

OPINION

SUR LE RÉTABLISSEMENT DES COLONIES.

(1814)

DE L'IMPRIMERIE DE D'HAUTEL,
rue de la Harpe, n°. 80.

OPINION

SUR LE RÉTABLISSEMENT DES COLONIES,

PUBLIÉE en 1811, par le chef d'escadron GUILLERMIN, auteur du Précis historique des derniers événemens de St. Domingue.

Il y a des pays où la chaleur énerve le corps et affoiblit si fort le courage que les hommes ne sont portés à un devoir pénible que par la crainte du châtiment.

Esprit des lois, chap. VII.

Il faut donc borner la servitude naturelle à de certains pays particuliers de la terre. CHAP. VIII.

BIBLIOTHÈQUE ROYALE
I

PARIS,

ARTHUS-BERTRAND, libraire, rue Hautefeuille, no. 23.

1814.

AVANT-PROPOS.

J'ai manifesté mes principes sur les colonies dans un temps où la politique apparente du gouvernement (1) comprimoit toutes les opinions ; j'ai osé dire des vérités que je croyois utiles à leur rétablissement. Avec quelle confiance ne les publierai-je pas sous le règne d'un Prince dont toute la sollicitude est de cicatriser les plaies de la France, et de lui rendre tous les véhicules de son ancienne prospérité.

Les habitans de St. Domingue se reposent avec une confiance bien fondée sur les soins paternels et la sagesse d'un gouvernement régénérateur, sur la prudence

(1) On cherchoit à accréditer l'idée que les colonies n'étoient pas nécessaires à la France, puisqu'il étoit possible de les remplacer par des établissemens en sucre de betterave et de raisin ; on encourageoit les nouvelles cultures par des primes et des avances considérables ; mais l'expérience a cimenté ce principe invariable de la nature, que chaque production appartient exclusivement au sol qui lui a été assigné.

d'un ministre éclairé qui a su se concilier au milieu des orages d'une révolution désastreuse l'estime de tous ses concitoyens.

J'ai pensé que dans une circonstance où le sort des Antilles alloit être fixé, il étoit du devoir d'un bon Français d'appeler l'attention de la métropole sur les principes conservateurs de ses colonies, et de lui signaler les erreurs dangereuses dans lesquelles sont tombées les administrations qui ont successivement gouverné St. Domingue. En indiquant les moyens de restauration, je me suis séparé, quoique propriétaire d'habitations à St. Domingue, de toute passion et de tout intérêt personnel, j'ai considéré avec impartialité les inconvéniens qu'il y auroit à donner à la colonie un régime qui ne conciliât pas tous les intérêts et les principes d'après lesquels elle doit être administrée.

OPINION

SUR LE RÉTABLISSEMENT DES COLONIES,

PUBLIÉE en 1811, par le chef d'escadron GUILLERMIN, auteur du Précis historique des derniers événemens de St. Domingue (1).

DEPUIS vingt ans on parle de Saint-Domingue, on indique les causes des malheurs que cette colonie a éprouvés, on propose des plans de restauration, et depuis vingt ans l'intérêt particulier, l'esprit de parti et l'exagération des opinions font taire la vérité ou entretiennent des erreurs dangereuses au salut de cet infortuné pays. Cette grande question a été successivement agitée par les sectateurs d'une philantropie outrée, par les partisans de l'ancien système colonial, et par les intermédiaires dangereux qui veulent concilier toutes les opinions.

(1) Un fort volume in-8°., orné du portrait du général Ferrand, d'une carte et d'une figure. Prix 6 fr., et 8 fr. par la poste, à Paris, chez Arthus Bertrand, libraire, rue Hautefeuille, n°. 23.

Essayons de faire entendre la voix de l'impartialité, et que l'expérience du passé signale au gouvernement les dangers d'une influence qui a son principe dans les prétentions exagérées des riches propriétaires, dans l'abus des opinions libérales, et dans le caractère irrésolu de ceux qui veulent allier des élémens absolument incompatibles.

C'est un axiome en politique qu'une réaction doit être entière, absolue, sans restriction; tout palliatif, toute modification dans le principe remplaçant, est un élément destructeur qui doit nécessairement contrarier les progrès du système nouveau, et finir par le renverser totalement.

Saint-Domingue a été constamment gouverné dans le sens inverse de ce principe. Le torrent fougueux de la révolution française avoit franchi les mers et s'étoit répandu d'une manière effrayante sur le vaste territoire de cette île immense. Des philantropes fanatiques, emportés par la chaleur des nouvelles opinions, ne consultant qu'un zèle aveugle pour consolider leurs dogmes, proclamèrent spontanément la destruction de l'ancien système colonial, sans prévoir les funestes inconvéniens d'un nouvel ordre de choses, qui alloit donner l'essor à tous les désordres et à tous les forfaits.

Saint-Domingue, transformé en peuplades d'anthropophages, n'offre, pendant le cours de quinze ans, que le spectacle d'une dégoûtante et prétendue liberté; les nègres devenus libres et misérables, maudissent leurs prétendus libérateurs; et les blancs, victimes du fanatisme révolutionnaire, cimentent par leur désunion, leur incertitude et leur peu d'énergie, la ruine de la plus belle colonie du monde. La transition de l'esclavage à la liberté est complète, tout a fléchi sous l'influence des théories séduisantes d'une fausse philosophie. Voyons à présent quels moyens de réaction ont été employés à diverses époques pour calmer les élans convulsifs et désastreux du système anti-colonial. Dans le principe, l'opposition des grands propriétaires à l'extension d'une dangereuse liberté eût peut-être obtenu des résultats décisifs, si des vues d'indépendance, l'esprit de faction, les faux calculs del'orgueil et l'esprit de vengeance, n'avoient frappé d'inertie tous les efforts de cette classe intéresante, mais abusée par l'idée de son opulence et de sa longue prospérité. Les discussions tumultueuses de ses assemblées coloniales, les déclamations impuissantes de ses orateurs, ne firent qu'exciter le zèle des agitateurs et accélérer les progrès de l'épidémie révolutionnaire; en vain elle arme ses propres esclaves pour résister au torrent dévastateur; ces mêmes moyens tournent contre elle, puisqu'ils donnent aux nègres le sentiment de leur force et l'idée de s'en servir. L'appui des Anglais ne change rien à la destinée de ces contrées opulentes; il donne à la colonie une attitude militaire et menaçante, peu compatible avec le rétablissement de l'ordre et de la culture. Les nègres, dans cette lutte interminable, pendant laquelle les colons furent constamment le jouet de la politique anglaise, s'accoutumèrent à l'usage du pouvoir, et acquirent, par une longue expérience, et le sentiment de leur propre intérêt, cette redoutable consistance contre laquelle la puissance la plus formidable devoit un jour échouer. L'exagération des opinions libérales, la guerre des Anglais, la résistance mal combinée des colons et la prétention à une autorité exclusive dans la classe des nègres, doivent donc être considérés comme les causes immédiates de la perte de la colonie. Le cabinet de Saint-James, dont le but réel étoit d'anéantir la plus riche possession d'une puissance rivale, sacrifia pour l'exécution de ce projet des sommes immenses et des milliers d'hommes : il abandonne enfin le champ de bataille à Toussaint, dont l'ambition ne connut alors plus de bornes. L'ivresse du pouvoir fait naître bientôt dans son cœur le désir effréné de l'indépendance, et le coryphée de la philanthropie devint le plus despote des hommes. Les nègres, courbés sous le joug d'un de leurs semblables, regrettent leur condition passée, et les mandataires de la métropole, devenus à leur tour le jouet de l'artificieux Toussaint, reconnoissent trop tard les dangers de leurs coupables innovations. Cependant la France, que l'expérience de ses malheurs avoit éclairée sur ses véritables intérêts, songea sérieusement à ressaisir les droits que des maximes erronées lui avoient fait perdre. Le directoire eut recours aux seuls moyens que les circonstances lui permettoient d'employer, ceux de la douceur et de la modération. Le général Hédouville, doué d'un caractère persuasif et conciliant, a l'honorable et importante mission de cicatriser les plaies profondes d'une colonie où le fanatisme politique avoit si long-temps exercé ses fureurs. Il n'étoit pas difficile de prévoir les funestes résultats d'une circonspection commandée par l'impossibilité absolue où étoit le directoire de parler et d'agir en maître. Quels succès pouvoit-on attendre de ses timides mesures? Toussaint vit avec une jalouse inquiétude des tentatives dont le but étoit évidemment de mettre des bornes à son ambition : son orgueil repoussoit toute idée d'obéissance et de soumission au délégué de la France, qu'il ne vouloit cependant pas heurter de front.

L'impolitique des colons, que le sentiment de leurs maux rendoit bien excusable, avoit surtout contribué à exciter les soupçons de Toussaint et des chefs noirs, sur la mission et les vues du général Hédouville. La renommée l'avoit précédé et annoncé à St.-Domingue, comme le Dieu tutélaire des habitans et le sauveur de la colonie. La méfiance naturelle aux Africains, la crainte de voir passer entre les mains des blancs un pouvoir qui flattoit leur orgueil et les rassuroit contre les ennemis de leur liberté, l'impuissance du général Hédouville d'appuyer ses prétentions par la force, tout fit naître dans le cœur des nègres ces funestes idées d'indépendance dont il éprouva les premiers effets.

Toussaint, sous de vains prétextes, rassembla les élémens de la discorde; et, sans éclater ouvertement, il parvient, par la seule appréhension de sa perfidie, à éloigner le représentant du gouvernement français. Mais toujours fidèle à sa politique insidieuse, il paroît s'étonner du départ d'Hédouville, déclare explicitement n'avoir donné aucuns motifs à ce général pour quitter la colonie; et, par un raffinement de fausseté et d'hypocrisie, il remet les pouvoirs entre les mains du commissaire *Roum*, dont le caractère foible ne lui inspiroit aucun ombrage. Des résultats aussi contraires au but qu'on s'étoit proposé, prouvoient victorieusement l'inutilité des demi-mesures et des tempéramens pour opérer une réaction salutaire dans les choses et dans les idées.

Comment persuader en effet à des esclaves armés et guerriers, que la liberté n'est point la licence, et que la loi qui a brisé leurs chaînes, ne les a point affranchis du tribut qu'ils doivent à la société ? Comment inculquer dans l'ame d'une classe d'hommes ignorante et barbare, ces idées d'ordre et de justice si souvent méconnues par les nations les plus civilisées ? Comment compter enfin sur des transactions aussi contradictoires avec le sentiment de la liberté ? Il faut trancher le mot; une colonie ne veut que des maîtres et des esclaves, des maîtres humains et des esclaves soumis. Sans ce principe fondamental, l'Europe doit renoncer aux riches productions de la Zone Torride, ou borner son ambition à trafiquer dans ces riches contrées. Je vois déjà s'élever contre ce système en apparence rigoureux, non-seulement les défenseurs déclarés de la liberté des nègres, et les partisans de ces illusions politiques, dont l'effet infaillible, selon eux, est de concilier tous les intérêts et tous les principes. Mais s'il est vrai que la morale repousse toute idée de servitude individuelle, la politique et l'intérêt des Etats exigent aussi quelquefois le sacrifice de ce principe du droit naturel. Telle est l'hypothèse dans laquelle se trouve aujourd'hui la France, devenue monarchie, à l'égard de ses colonies : la marine militaire et le commerce de ce vaste empire, un nombre prodigieux de colons industrieux, l'activité de ses manufactures, les besoins devenus indispensables à son immense population, le noble désir de partager avec sa rivale les richesses du Nouveau-Monde, le motif même d'adoucir le sort des nègres qui gémissent depuis vingt ans sous le joug affreux de quelques-uns de leurs semblables, telles sont les considérations puissantes qui sollicitent un prompt changement dans le régime des colonies et dans le moyen de l'opérer, lorsque les circonstances le permettront. Mais reprenons le fil des événemens, et prouvons d'une manière péremptoire la nécessité des moyens coercitifs, dont l'emploi n'a été jugé dangereux que par ceux qui n'avoient pas calculé la profondeur du mal et l'urgence d'une *réaction entière, absolue et sans modification.* Hédouville, en partant, avoit suscité un compétiteur dangereux à Toussaint, dans la personne de Rigaud. (1) Une guerre sanglante s'allume entre ces deux rivaux, et se termine à l'avantage du chef des Africains. Devenu maître absolu de la colonie, ce nègre ambitieux et rusé, conserve encore au délégué de la France les marques extérieures de l'autorité, par le seul motif que cette fausse déférence est nécessaire à l'exécution de ses pro-

(1) On a toujours cherché à opposer les chefs noirs les uns aux autres, et le résultat de leurs dissensions a toujours été fatal à la colonie, c'est sur les blancs et sur les établissemens, qu'est tombée la rage des deux partis. Cette politique est désastreuse.

jets, et à l'affermissement de son usurpation. Après avoir donné tous ses soins au rétablissement de la culture et à l'organisation des différentes administrations, il songe sérieusement à suivre son plan d'agrandissement par la possession de la partie de l'Est, et c'est encore au nom de la France, par l'organe de son délégué, qu'il en réclame la réunion. Le masque tombe enfin; Toussaint, impatient de recueillir les fruits de sa politique artificieuse, se fait reconnoître souverain de Saint-Domingue, sans cesser de protester de sa fidélité au gouvernement métropolitain, et la liberté générale raffermie par les mêmes moyens qu'on avoit employés pour la restreindre, met en 1801 le sceau à la ruine de la colonie.

C'est dans ces conjonctures que la France, victorieuse de l'Europe, jette quelques regards d'intérêt sur une colonie livrée, depuis quinze ans, à tous les maux de la plus affreuse anarchie. Elle sent la nécessité de raviver les véhicules de son commerce et de sa marine, que les efforts d'une puissance rivale et les faux calculs de la philantropie avoient anéantis.

Tout est habilement disposé pour assurer le succès d'une entreprise qui doit rendre à la France la plus florissante de ses colonies.

Des légions victorieuses de l'Europe traversent l'Océan Atlantique, et déposent bientôt sur les rivages enflammés d'Haïti, ces étendards que la victoire n'avoit jamais abandonnés.

Les hordes de Toussaint fuient vers les hautes montagnes du nord de Saint-Domingue; et après quatre mois d'efforts impuissans, l'orgueilleux chef des Africains voit s'échapper de ses mains le joug de fer qui depuis quinze ans pesoit sur cette malheureuse contrée.

Mais le caractère ocultateur et altier de cet homme ambitieux ne cédoit qu'à la force des circonstances.

On ne devoit pas compter sur des sermens qui n'avoient d'autre garantie que la bonne foi du plus fourbe des hommes.

Toussaint et ses collègues n'attendoient qu'une occasion favorable pour éclater : jusqu'à ce moment que l'influence destructive du climat devoit faire naître, ils ne pouvoient se soutenir et se conserver que par l'abnégation apparente de leurs prétentions, et par une obéissance passive aux volontés du nouveau chef de la colonie.

Ce plan de conduite fut exactement suivi; rien ne fut épargné pour inspirer la confiance et la sécurité à des vainqueurs généreux. Ces hommes féroces firent couler jusqu'au sang de leurs semblables, pour donner à leur dévouement le caractère de la sincérité.

Le général le Clerc, que sa conduite ferme et

courageuse avoit rendu maître de la colonie, avoit trop de loyauté pour soupçonner une aussi noire perfidie. Son ame se refusoit à ne voir que des traîtres parmi des hommes comblés de ses bienfaits, et ce ne fut qu'après avoir obtenu la conviction intime des coupables projets de Toussaint, qu'il se décida à le faire arrêter.

Cependant *Dessaline*, *Christophe* et *Clairveau*, et les autres chefs noirs, suivoient avec une mystérieuse activité leur plan d'insurrection. On assure même que des blancs, hâtèrent par des conseils criminels, le moment de l'explosion; une lâche défection se manifeste enfin au même instant où la maladie étendoit ses ravages dans les villes et dans les camps.

La guerre et le climat moissonnèrent avec une rapidité effrayante nos soldats épuisés par les fatigues des campagnes précédentes, et la mort du général le Clerc, atteint par la contagion, vint mettre le comble aux calamités de la colonie. On reconnut, mais trop tard, les inconvéniens d'une dangereuse temporisation, et l'impossibilité d'allier des principes absolument incompatibles; *la liberté des nègres et l'existence d'une colonie.* On sentit la nécessité d'une réaction entière, absolue, et sans modification, mais on n'étoit plus en mesure de l'opérer.

Le petit nombre de soldats qui avoient échappé

aux fureurs de la guerre et du climat, ne combattoient plus que pour leur gloire et leur propre salut.

La reprise des hostilités entre la France et l'Angleterre, en multipliant les difficultés d'une longue résistance, fait germer de toutes parts les élémens de l'insurrection. Les nègres se lèvent en masse contre une poignée de Français, et St.-Domingue réduite aux dernières extrémités, sous le commandement du général Rochambeau, devient une seconde fois l'apanage de ses esclaves révoltés.

Ainsi donc cette grande et riche colonie, agitée depuis vingt ans par la force attractive d'une liberté qui naît et se consolide malgré les principes destructeurs qu'elle renferme dans son sein, voit tourner contre elle, les mêmes moyens qui devoient servir à sa restauration.

Les premières impressions de la liberté dans le cœur des esclaves sont indélébiles, la force seule peut en comprimer le sentiment, mais ne peut jamais l'affoiblir. D'après ces notions certaines, le gouvernement qui veut avoir des colonies ne peut transiger sans un danger éminent avec les principes conservateurs de son intérêt. Plus l'action de la liberté a été extensive, plus la réaction de l'autorité doit être répulsive et intolérente.

La prétention d'allier les principes du droit naturel avec le système agricole des colonies est donc l'erreur la plus funeste aux intérêts des maîtres et des esclaves, puisqu'elle devient pour les premiers un sujet continuel de méfiance et d'inquiétude, et qu'elle alimente dans le cœur des autres des idées dangereuses à la tranquillité générale et à leur bonheur particulier. Le nègre qui partage l'autorité et la considération avec le blanc, ne verra jamais avec indifférence son semblable exclusivement attaché à la glèbe. Il faut qu'un gouvernement soit assez ferme et assez fort pour fixer irrévocablement la ligne de démarcation qui doit exister entre les couleurs, et assez juste et assez humain, pour adoucir par des lois sages, le sort du cultivateur, et le préserver des injustes caprices d'un maître trop exigeant.

L'expérience nous a constamment démontré la nécessité d'adopter ce régime équitable, autant pour l'intérêt de la Métropole et des habitans, que pour celui de la classe nombreuse des cultivateurs.

Peut-on comparer en effet le sort de ces derniers, depuis la promulgation de leur prétendue liberté avec la douceur de leur ancien esclavage? Je veux bien croire à quelques-uns de ces actes de cruautés, contre lesquels la sensibilité de quelques écrivains philantropes, s'élève avec raison; mais que sont quelques faits isolés, comparés avec la férocité et la barbarie soutenues des *Toussaint* et des *Dessaline* qui ont immolé des milliers de victimes à leur ambition ou à leur insatiable cupidité? La terre de St.-Domingue ne fume-t-elle pas encore du sang des malheureux nègres égorgés par Dessaline sur le moindre prétexte de paresse où d'insubordination? Toussaint faisant assassiner tous les gardes qui avoient transporté et caché ses trésors dans les montagnes du grand Cahos, s'est-il montré plus ami de sa couleur que cette multitude d'habitans estimables qui ambitionnoient plutôt le titre de père que celui de maître? Voyoit-on enfin sous l'ancien régime des colonies, des cadavres ambulans traîner leur effroyable existence le long des chemins, et ne recevoir que des refus outrageans pour l'humanité? Tel est cependant le sort des nègres que la vieillesse, ou les malheurs de la guerre, ont réduits à la cruelle dépendance de leurs semblables. Autrefois des hôpitaux servoient d'azile aux vieillards infirmes ou impotens, aujourd'hui ils doivent cesser de vivre en cessant de travailler pour leurs nouveaux et impitoyables maîtres.

Ne pourroit-on pas comparer la destinée actuelle de ces êtres infortunés à celle d'un troupeau, qui las de vivre sous la conduite d'un berger vigilant, viendroient se mettre sous la sauve-garde du loup son plus cruel ennemi.

La liberté sous le tropique n'est qu'une chimère (1); si les nègres ne doivent point être esclaves des blancs, ils le seront infailliblement

(1) Ceux qui prétendent que les colonies peuvent exister comme républiques, considéreront mon opinion comme systématique et paradoxale; mais elle est au moins fondée sur l'expérience de tous les siècles. On ne peut nier qu'il existe des caractères de nations incompatibles avec les principes d'un gouvernement libre, et qu'indépendamment de ces causes morales que la sagesse des législateurs doit consulter, il existe encore une cause physique dont l'influence sur la législation des peuples ne peut être révoquée en doute. Je veux parler de la nature du climat.

La température des climats chauds est peu favorable en effet à la végétation de l'arbre de la liberté. L'ame ardente des habitans de la Zone Torride est moins séduite par la modeste simplicité et l'austérité des principes d'un gouvernement libre, que par l'éclat des trônes et par le merveilleux de la théocratie.

Naturellement enclins à la mollesse, à la superstition, à l'enthousiasme et à l'exaltation, ils aiment mieux obéir que raisonner : ils sont beaucoup moins émus par les choses qui occupent l'esprit, que par celles qui flattent les sens.

L'Asie, depuis un temps immémorial, n'obéit qu'à des rois fastueux ou à des califes puissans. En Afrique, l'existence de Carthage est un phénomène politique, puisque les sept huitièmes de cette immense partie du globe a été constamment soumise aux monarques les plus absolus du monde. En Amérique, à l'époque des conquêtes *de Cortez et de Pizarre*, il n'est question que de la magnificence et de la puissance des empires du Mexique et du Pérou, dont la fondation remonte, d'après la tradition, à l'antiquité la plus reculée. Des Caciques souverains occupoient aux mêmes époques tout le reste de ce vaste continent. Par-

BIBLIOTHÈQUE ROYALE
I

de quelques-uns de leurs semblables, et cette condition est, sans contredit, la plus affreuse

---

tout enfin sous les rayons brûlans du soleil, on aperçoit les traces de son influence sur le génie et la législation des peuples.

Mais on a raison de dire que les deux extrêmes se touchent : des causes absolument contraires ont produit dans les pays septentrionaux les mêmes effets. Les peuples du nord, avec des mœurs simples et guerrières, un tempérament froid, entraînés par le goût des émigrations que la stérilité de leur pays et leur immense population rendoient indispensables, étoient plus occupés à se procurer les besoins physique d'une existence vagabonde, qu'à perfectionner les institutions morales qui auroient pu accélérer l'époque de leur civilisation. Toujours prêt à se déborder sur le territoire des nations dont ils convoitent les terres, ils ne pouvoient, dans cet état précaire et incertain, employer un temps précieux à méditer sur les différentes formes du gouvernement.

L'autorité absolue d'un chef étoit donc la seule convenable à des hommes vigoureux et braves qui ne pensoient qu'à se battre et à se procurer les besoins indispensables de la vie.

Les Scythes d'Europe, les Sarmates, les Germains, les peuples du Danemarck, de la Norwège, de la Suède, de l'Angleterre, de la Gaule même, n'obéirent pendant une suite non interrompue de siècles, qu'à des monarques ou à des gouvernemens théocratiques.

Ce ne fut donc que dans les climats tempérés que l'on s'occupa sérieusement des idées abstraites de la législation et de la morale. Les républiques de la Grèce, et après elles, la république romaine, brillèrent par la sagesse de leur de toutes. Quelle sera donc la considération qui doit faire rejeter les moyens de force et de coercition pour opérer une réaction entière absolue et sans modification dans le système colonial. Ce ne sera sans doute pas celle qui tendroit à ménager les prétentions des chefs indigènes toujours jaloux de conserver une autorité dont ils ont si long-temps abusé. L'exemple du général Hédouville, du commissaire Roum et surtout les résultats de la dernière expédition de St.-Domingue, prouvent victorieusement qu'on ne doit plus compter sur les témoignages

---

gouvernement, l'étendue de leur puissance, et le génie de leurs législateurs.

Mais comme il est effectivement vrai que le meilleur des gouvernemens est celui qui est le mieux administré, elles tombèrent dans la décadence, aussitôt que la corruption des mœurs, l'ambition des grands et les prétentions absurdes des peuples eurent donné lieu aux commotions politiques dont les résultats firent passer l'autorité souveraine entre les mains de *Philippe* et de *César*.

Il est évident, d'après ces vérités de fait, que le gouvernement monarchique a été dans tous les temps et dans toutes les parties du globe le plus universellement répandu. Il est considéré avec raison par *Platon* comme le meilleur et le plus paternel de tous les gouvernemens. Son action douce, relativement à la masse des citoyens, n'est redoutable qu'aux ennemis du prince et de l'état. Exempt des troubles qui agitent les républiques, son énergie prévient et réprime les factions, et devient l'égide de la sûreté et de la tranquillité publiques.

fallacieux de fidélité et de soumission donnés par des hommes qui ne fléchissent, qu'avec la réserve tacite de violer leurs sermens.

Cette considération a empéché, j'ose le dire, la restauration de la colonie en 1802. Si Dessalines, Clairvaux et Christophe, forcés de rendre les armes à la valeur des troupes françoises, eussent fait le sacrifice de leurs ridicules prétentions, et abandonné le théâtre de leur coupable ambition, ce beau pays n'auroit point à gémir aujourd'hui des calamités qu'il vient d'éprouver; et le sort des nègres ne seroit point aussi déplorable qu'il l'est à présent sous le gouvernement des chefs qui se disputent les lambeaux de cette colonie.

A Dieu ne plaise qu'en indiquant la cause des malheurs de Saint-Domingue, et les moyens de force comme les seuls capables de rétablir la culture dans nos possessions occidentales, on ne me suppose des idées d'une rigueur outrée. Il faut de l'inflexibilité dans les principes et de la modération à l'égard des hommes.

Mais je le répète, il faut être assez fort pour contraindre les individus de tous les partis et de toutes les couleurs, à recevoir avec soumission les nouvelles lois organiques de la métropole; il faut qu'à la voix imposante de l'autorité, chacun vienne occuper la place qui lui sera marquée par la constitution de la colonie.

Si, pour éviter l'effusion du sang qu'entraîneroit nécessairement la résistance obstinée des nègres, on devoit acheter la soumission des chefs qui les gouvernent par des récompenses; que la loyauté préside à l'accomplissement de ces promesses, et que la reconnoissance du gouvernement calcule avec sagesse la nature des faveurs qu'elle doit accorder.

La prospérité, la tranquillité de la colonie, le bonheur des cultivateurs, l'intérêt même de leurs chefs ambitieux, exigent impérieusement qu'ils renoncent aux grandes places militaires d'un pays où leur présence ne peut être que dangereuse.

Est-il raisonnable en effet de penser que des hommes enivrés par l'usage immodéré du pouvoir souverain, accoutumés à ne suivre d'autres lois que celle de leurs caprices et de leurs volontés, se soumettront de bonne foi aux modestes convenances d'une condition privée, et à l'observation des devoirs qui blessent à chaque instant leur amour-propre humilié?

Ce fut cependant cette fatale erreur qui replongea Saint-Domingue dans l'abîme de malheur, d'où la valeur françoise et la prudente conduite du général le Clerc l'avoient retiré.

Dessalines, Christophe, Clairvaux et les autres chefs noirs, en conservant des grades militaires et une autorité après la réduction de l'île, conservèrent en même-temps l'espoir de ressaisir le sceptre qui venoit de leur échapper:

profonds dans l'art de la dissimulation, ils attendirent avec patience l'occasion favorable à l'exécution de leur dessein. Ce fut sous leur égide que vinrent se rallier les hordes que la terreur de nos armes avoit comprimées, mais qui se relevèrent avec le fléau destructeur de la maladie.

En vain eut-on recours à des mesures extraordinaires pour arrêter l'effet de ces mouvemens insurrectionnels et simultanés, la perte de Saint-Domingue, fut toujours le résultat de l'infraction aux principes d'une réaction entière et absolue, et sans modification.

Si la France tient fortement à l'idée de rétablir ses colonies, il est évidemment démontré par la funeste expérience du passé, que ce n'est point sous l'équateur qu'elle doit récompenser les chefs noirs qui auront contribué au rétablissement de l'ordre, mais dans des pays où leur influence ne peut être dangereuse à l'état; la colonie doit perdre jusqu'au souvenir de leur barbare domination.

Cette dernière considération est sans doute d'une grande importance pour la restauration de Saint-Domingue; mais il faut à présent examiner cette grande question sous des rapports plus généraux et plus relatifs à la masse de la population qu'il s'agit de régénérer.

L'incertitude des principes, et l'irrésolution des mesures sont les ennemis les plus dangereux et les plus opposés au rétablissement de la culture dans ces riches possessions. Tant que les puissances maritimes et commerçantes n'adopteront pas un système fixe sur le régime de leurs colonies, elles doivent s'attendre à voir se renouveler fréquemment les accès d'un mal politique qu'elles leur ont imprudemment inoculé. Il faut donc détruire le mal dans son principe, et ce principe *c'est la liberté des nègres*. Il faut braver pour parvenir à ce but, et les efforts d'une fausse philantropie, et l'opinion tranchante de ceux qui affirment l'impossibilité d'y arriver. Il faut enfin vouloir une *réaction entière, et absolue et sans modification.*

On peut néanmoins opérer cette réaction salutaire par différens moyens sans modifier le principe fondamental dont nous venons de parler. Dans le premier cas, la métropole doit manifester sa puissance par une grande supériorité de forces, et sa clémence par des propositions pacifiques.

Dans le second cas, elle doit se mettre en mesure de vaincre une téméraire obstination par les voies de rigueur, et dicter impérieusement les lois qu'elle vouloit d'abord établir par la douceur et la persuasion.

Mais que les nègres de Saint-Domingue convaincus de l'impossibilité d'une longue résistance, s'abandonnent volontairement à la discrétion du gouvernement, ou qu'ils y soient réduits par la force des armes, il faut bien se pénétrer de cette vérité, qu'une colonie ne peut exister tant qu'elle conservera dans son sein, un nombre considérable d'hommes guerriers dans le cœur desquels on ne parviendra jamais à éteindre la haine des blancs, et l'amour d'une liberté incompatible avec le systême colonial.

Dans les établissemens hollandois de *Surinam* et de *Demérari*, lors de la grande révolte des esclaves, la réaction s'y opéra d'une manière violente, peut-être même nécessaire pour en assurer le succès, mais révoltante pour l'humanité. Des milliers de victimes cimentèrent par leur destruction le rétablissement de l'ordre et de la tranquillité.

La France au contraire peut arriver au même but, sans outrager la nature, et sans s'écarter de la marche que lui prescrivent le salut de ses colonies et la dignité de sa puissance. La difficulté est donc dans l'exécution de la mesure qui doit fixer la destinée de ces contrées.

Je suppose que la France soit parvenue par l'effet de sa politique, ou les résultats de la guerre, à ce degré de force nécessaire à l'exécution de ses projets; ne pourroit-elle pas à l'instant même, renonçant à ce systême timide des demi-mesures qui ne convient qu'à la foiblesse, manifester hautement ses intentions aux noirs, et les proclamer de la manière suivante ?

« Depuis l'époque désastreuse où vous reçûtes d'une main ennemie de votre bonheur, le funeste présent de la liberté, vous êtes en proie à tous les maux qui peuvent affliger l'espèce humaine. Enivrés tour-à-tour du sang des blancs et de celui de vos semblables, votre rage n'a respecté ni les hommes ni les choses, et les vingt années qui viennent de s'écouler, n'offrent que le tableau hideux de la dévastation et de la mort.

« Dans les convulsions inséparables de votre nouvelle existence politique, vous avez été constamment l'instrument et la victime des partis qui vouloient asseoir leur domination sur les bases chimériques de votre prétendue liberté. Des torrens de sang ont été versés pour l'obtenir, et lorsque vous espériez toucher au terme de vos maux, et qu'après avoir vaincu la résistance de ceux qu'une fatale erreur vous faisoit considérer comme vos ennemis, vous comptiez jouir du fruit de vos pénibles travaux; c'est alors que vous avez éprouvé le vide d'un bonheur pour lequel vous aviez tout sacrifié, et que votre malheureuse destinée vous a forcés de regretter les temps heureux de votre ancien esclavage.

« Le fléau des guerres civiles, la misère la plus affreuse, ont été pendant trop long-temps pour la classe intéressante des cultivateurs, les résultats d'une funeste indépendance. Ils doivent aujourd'hui préférer la réalité d'une domination douce et paternelle à des illusions inconciliables avec leur vrai bonheur et leur tranquillité.

« Quant à vous, soldats indigènes, accoutumés à la licence des camps, et faits aux habitudes d'une vie militaire, vous allez désormais tourner contre les ennemis de la France, ces armes dont vous n'avez fait usage que contre elle, et pour vous détruire. Le glorieux titre de soldats françois donnera à votre valeur une direction plus conforme aux intérêts de l'Etat et à votre bonheur particulier. Mais le puissant Monarque qui vous admet à l'honneur de combattre sous des drapeaux invincibles, exige de vous une soumission aveugle à sa volonté. Votre courage, inutile aujourd'hui dans un pays où des institutions sages, des lois pacifiques, vont succéder aux convulsions d'un régime violent, doit chercher désormais un théâtre plus digne de lui; vous devez enfin abandonner cette terre où vous n'auriez à l'avenir que des occasions nouvelles de séduction ou des souvenirs qu'il est essentiel pour votre bonheur d'effacer (1).

---

(1) Les probabilités d'une guerre continentale en Amérique, à l'époque où la France pourra s'occuper de la res-

« Vous avez prouvé sous les drapeaux anglais, contre vos propres frères, combien vous étiez fidèles à vos sermens, que ne ferez-vous pas pour la France, dont les mœurs et la langue vous sont plus familières, et qui à l'avenir doit vous traiter comme ses propres enfans? »

Tel est le langage que pourroit tenir un gouvernement puissant : c'est en manifestant

---

tauration de Saint-Domingue, la mettront à même d'employer utilement les quinze mille soldats nègres qui devront de toute nécessité être éloignés de la colonie. Ces troupes étant bien habillées, bien payées et commandées par des officiers blancs, sont les meilleures dont on puisse se servir dans les pays chauds. Les nègres sont extrêmement fidèles, braves et disciplinés, et les Anglais, dans leur guerre contre Toussaint, avoient six régimens dont ils ont retiré les plus grands services, ils pourroient servir comme axiliaires dans la guerre que l'Espagne soutient contre les insurgés du Mexique, du Pérou et du Paraguai. On pourroit aussi les employer utilement comme garnison sur nos vaisseaux, où il seroit facile de les surveiller, et où ils conviendroient parfaitement, autant par leur disposition à devenir bons matelots, que par leur courage et leur agilité dans les occasions où il faut aborder un vaisseau ennemi. Dans tous les cas, comme une colonie qui versoit autrefois cinq cents millions dans la balance du commerce, mérite bien qu'on fasse quelques sacrifices pour la rétablir, on pourroit céder aux chefs noirs l'île de Gorée, et transporter les troupes indigènes pour y former un peuple indépendant, mais allié de la France; ces moyens me paroisssent concilier la restauration de la colonie, l'humanité et l'intérêt de l'état.

franchement ses intentions, qu'il leur imprime ce caractère respectable qui ne laisse aucune prise à la méfiance, aucun prétexte à la révolte. Mais après avoir indiqué la base fondamentale de la restauration de Saint-Domingue, examinons à présent les moyens de détails qui doivent accélérer et consolider cette restauration.

Une considération non moins importante pour le rétablissement de Saint-Domingue, est celle de ne pas trop multiplier les grands ressorts de l'autorité militaire. Non-seulement le grand nombre de généraux est onéreux à la colonie, mais il est souvent nuisible à l'ensemble et aux succès des opérations.

En centralisant le pouvoir, on lui communique les moyens de force et d'énergie indispensables à des distances aussi éloignées de la métropole, et la conduite des chefs particuliers échappe bien plus difficilement à la surveillance d'une autorité supérieure, dont l'attention peut être constamment fixée sur les actes de leur administration.

C'est du conflit des prétentions que naissent souvent les grands désordres; et comment ne pas en supposer dans un grand nombre d'officiers généraux, entre lesquels l'égalité du mérite et du grade établit presque toujours une dangereuse rivalité?

En diminuant donc les élémens de la discorde, on donne nécessairement une nouvelle force, une plus grande consistance à l'autorité du chef de la colonie, dont la responsabilité doit être d'autant plus rigoureuse, que dans ces contrées lointaines, il est presque toujours disposé à en user immodérément. C'est ce vice radical, inhérent aux localités, qu'il faut s'attacher à détruire par des lois équitables et répressives. Dans les colonies espagnoles, l'autorité des gouverneurs n'y dure que trois ans, et y est fortement contenue par l'inexorable *loi de la résidence.* A l'expiration du terme fixé, des commissaires du roi, recommandables par leur sagesse, leurs talens et leur dignité, se rendent sur les lieux pour y examiner la conduite du dépositaire de l'autorité, et y recevoir les plaintes de ses administrés.

Mais si l'autorité paternelle du roi ouvre avec bonté un libre accès aux plaintes de l'opprimé, elle sévit avec une rigueur proportionnée, contre l'intrigue et la calomnie. Tout est scrupuleusement pesé dans la balance de l'impartialité, et l'intégrité de ces juges sévères n'est presque jamais en défaut. Au reste, dans l'exercice de ces fonctions importantes, ces inquisiteurs d'état ménagent avec une délicatesse infinie le caractère et la dignité du chef, et les égards qu'ils doivent à ses administrés. Cette loi de la résidence s'exécute sans débats scandaleux, et toutes les parties paroissent moins animées par des motifs de haine ou de vengeance, que par le désir de remplir des devoirs que la justice du souverain leur a prescrits. Ce n'est même qu'en Europe, et de la bouche du roi, que son délégué éprouve le témoignage de sa satisfaction, ou la honte du blâme que sa conduite lui a méritée. Cette loi de la résidence, dont l'action n'est dirigée que contre l'abus du pouvoir, n'a donc rien d'effrayant pour l'administrateur probe dont elle fait ressortir les talens et les vertus : mais si elle est le triomphe de l'homme de bien, elle suspend sur la tête du prévaricateur le glaive inflexible de la justice souveraine.

Quels effets ne doit-on pas attendre de cette justice distributive, dont le but est de maintenir un juste équilibre entre le pouvoir des mandataires du souverain, et les droits imprescriptibles de ses sujets : c'est par l'adoption de ces mesures équitables qu'on préviendra à Saint-Domingue les abus du pouvoir et les commotions populaires qui en sont le résultat.

est dans la nature de l'homme de supporter patiemment l'oppression, lorsqu'il peut en calculer le terme et en espérer la répression; l'idée contraire produit le désespoir, et fait naître dans le cœur de l'opprimé le désir ardent de secouer un joug d'autant plus dur, qu'il ne peut en prévoir la durée. Les avantages qui résultent de cette prudente disposition, sont si palpables, qu'on ne peut leur opposer avec raison les inconvéniens de l'instabilité dans des places d'une importance aussi majeure. Cette vérité a tellement été sentie et reconnue par toutes les puissances qui ont des colonies, que la résidence des gouverneurs y est rarement prorogée au-delà du terme fixé. En effet, si le changement trop fréquent du pouvoir dans les colonies les expose à une versatilité pernicieuse dans le système administratif, la permanence illimitée d'un gouverneur dans les pays, où il n'auroit pu se concilier l'estime et la confiance des habitans, leur donne l'idée d'une résistance coupable, fait germer les élémens de la discorde, et amène nécessairement des crises qu'il est de la sagesse du souverain de prévenir et d'empêcher. Mais il ne suffit pas de mettre un frein à cette tendance irrésistible de l'autorité supérieure vers le despotisme et l'arbitraire, il faut aussi réprimer le penchant des grands propriétaires vers une indépendance à laquelle ils sont naturellement enclins, une constitution coloniale, sagement combinée avec les convenances locales, et les principes d'un régime agricole et commerçant, déterminera d'une manière claire et précise les obligations du chef envers les administrés et les devoirs des administrés envers le délégué de la métropole. Il est donc bien essentiel pour le bonheur de la colonie, que ces rapports réciproques soient irrévocablement fixés par des règlemens sages, dont l'observance rigoureuse en garantisse les salutaires effets. Après les vues générales de restauration relatives au régime des colonies occidentales, et à la nature de leur administration, il en est encore d'autres qui ont des rapports plus directs et une connexion plus immédiate avec le prompt rétablissement des grandes cultures dans ces riches possessions. La traite des nègres et l'avance des fonds que nécessitent ces opérations importantes deviendront nécessairement un jour l'objet de la sollicitude du puissant monarque qui gouverne la France. L'extraction des nègres de leur pays natal, quoique frappée du sceau de la réprobation par les partisans d'une philosophie larmoyante, n'en sera pas moins une des bases fondamentales de la régénération de nos colonies; et le sort de ces être infortunés, éternellement en proie à des guerres cruelles en Afrique, s'adoucira sur une terre étrangère par les sages règlemens d'un code noir qui répondra victorieusement aux déclamations de ces Don-Quichottes de l'espèce humaine.

On peut évaleur à cent millions les avances à faire aux grands planteurs de l'archipel mexicain, et ce capital portant hypothèque, et un intérêt de cinq pour cent en faveur du gouvernement sur les propriétés des colons, à dater de la seconde année des revenus, ne pourra être remboursé qu'en totalité ou par moitié : des conservateurs d'hypothèques veilleront à la sûreté du gage, qui ne pourra subir aucune altération sans leur intervention, et la sanction de l'administrateur de la colonie. La valeur du gage devra toujours être d'un tiers en sus de la quotité du capital avancé.

Pour bien stipuler les intérêts du souverain et ceux de son tributaire, il sera fait dans la première année une estimation des établissemens existans, et dans la seconde un aperçu des revenus à faire dans les nouvelles plantations.

Mais après avoir exposé loyalement mes principes sur le régime des colonies, et indiqué quelques vues générales sur le système administratif qui doit les régir, il est également de mon devoir d'appeler l'attention du gouvernement sur cette multitude de plans de restauration de Saint-Domingue, que le génie systématique a mis ou doit mettre au jour. Presque toutes les personnes qui ont écrit sur cette matière, sont parties de ce principe faux, *que la conquête de Saint-Domingue est impossible*. Il faut être, ou l'ennemi déclaré des colonies, ou n'avoir que des notions absolument fausses, on pourroit même dire absurdes sur les localités et sur les nègres, pour soutenir une pareille assertion. La réduction des nègres n'exige qu'une campagne de quatre mois, lorsqu'elle sera dirigée par des hommes qui auront réellement à cœur le rétablissement de la colonie. J'ai habité quinze années Saint-Domingue, et la connoissance que j'ai acquise du caractère des nègres, m'a mis à même de juger qu'ils sont aussi incapables d'une résistance opiniâtre, qu'indifférens sur leur existence politique. Ils se battent pour la liberté, sans savoir ce que c'est que la liberté, et sans aimer la liberté, mais seulement parce que cet état de choses les exempte du travail, et leur procure les moyens de vivre dans la licence et la débauche. Or, un peuple qui n'a pas le sentiment de son être, qui n'est susceptible d'aucune impression généreuse, dont toutes les idées se rapportent aux sensations matérielles de la vie, dont le tempérament autrefois endurci aux fatigues, accoutumé aux privations, est aujourd'hui esclave de l'oisiveté et des nouveaux besoins qu'il s'est créés, un peuple enfin dont le prétendu courage est essentiellement machinal, peut-il raisonnablement prétendre à conserver son indépendance contre les efforts d'une puissance formidable ? Quinze mille soldats composent toute la force militaire du pays, il est probable qu'à l'époque où la France pourra s'occuper du rétablissement de Saint-Domingue, ce nombre se trouvera réduit à moitié par les guerres civiles : ainsi donc, quelques soldats épuisés par les fatigues de la guerre et la débauche des camps, suffiroient pour résister aux vingt-cinq mille braves que la métropole emploiera à la soumission du pays ? Pour soutenir cette étrange opinion, on met en avant l'influence du climat : certes, on ne peut révoquer en doute, les effets désastreux du soleil sur les tempéramens européens ; mais on peut modifier cette dangereuse influence en choisissant pour envoyer une expédition à Saint-Domingue, la saison la plus fraîche de l'année, en donnant une nourriture saine aux soldats, en leur retranchant l'usage des liqueurs spiritueuses, en les tenant dans une continuelle activité, en les éloignant le plus possible des villes, et en réunissant pour la composition des corps, le grand nombre de soldats qui ont déjà fait la guerre dans les colonies : toutes ces précautions dont l'expérience a démontré la nécessité, diminueront infailliblement les dangers de la contagion, et assureront le succès des opérations militaires qui devront en peu de temps mettre un terme aux calamités qui assiégent cet intéressant pays.

Le motif de l'influence du climat allégué par les gens qui ont la manie des systèmes nouveaux, ne seroit pas suffisamment détruit par l'existence reconnue des moyens anti-contagieux, si l'exemple ne venoit à l'appui de cette vérité incontestable. Toussaint à la tête de l'armée la plus nombreuse, la mieux disciplinée, la plus aguerrie, la mieux commandée qui ait existé à Saint-Domingue, n'a pu résister que quatre mois au courage, et à l'infatigable activité des troupes françaises. Dans ce court espace de temps, les nègres furent réduits à s'abandonner à la discrétion du général Leclerc, et la colonie eût été sauvée, si, comme nous l'avons déjà dit, on eût adopté de suite le principe d'une réaction *entière*, *absolue* et *sans modification*. Mais si l'activité de nos troupes, la fraîcheur des montagnes qu'elles parcouroient, le régime sobre auquel elles furent forcément assujéties, les avoient préservées jusqu'alors des ravages de l'épidémie, elles en ressentirent bientôt les dangereux effets, lorsqu'en descendant dans les plaines elles purent s'y abandonner à un funeste repos, et y goûter les douceurs d'une vie qui leur parut d'autant plus attrayante, qu'elles venoient d'éprouver pendant quatre mois des fatigues inouïes et les plus dures privations. On connoît donc les causes réelles du non-succès de l'expédition de 1802; il sera par conséquent facile d'en prévenir désormais les effets, soit en adoptant les mesures générales dont nous avons démontré la nécessité, soit en prenant les sages précautions qu'exige, sous la Ligne, la conservation de nos soldats.

Mais parmi les rêveries creuses de nos visionnaires politiques, la plus extraordinaire de toutes et la plus opposée aux intérêts de la France, après celle de la liberté générale des nègres, est, sans contredit, l'opinion de ceux qui prétendent que la France doit abandonner ses colonies, et borner son ambition au commerce exclusif de ce pays. Cette opinion est tellement en opposition avec toutes les idées reçues, avec le caractère connu des nègres et avec l'expérience, qu'elle ne mérite pas une réfutation sérieuse : l'exposition des faits et quelques réflexions suffiront pour en faire sentir le néant.

Depuis 1790, époque fatale à la colonie, on pourroit même dire au bonheur des nègres, puisque la liberté et l'indépendance ont déversé sur ces êtres infortunés pendant vingt ans, le complément de toutes les calamités, la culture de cette grande possession a toujours été dans une progression décroissante. Elle perdit par les guerres étrangères, et par les crises intérieures qu'elle a successivement éprouvées jusqu'en 1798, un tiers de ses cultivateurs, dont le nombre s'élevoit alors à six cent mille ames. Toussaint, devenu alors maître absolu de la colonie, sentit la nécessité de se créer des ressources pour l'exécution de ses projets ambitieux, et on a raison de dire que depuis 1798, époque de son grand pouvoir, jusqu'en 1802, époque de sa chute, les progrès de la culture furent extraordinaires. Mais les travaux forcés auxquels les nègres furent condamnés, les mauvais traitemens qu'ils éprouvèrent de la part des inspecteurs barbares que Toussaint avoit établis sur eux, la misère et les maladies diminuèrent au moins d'un cinquième la population restante. Toussaint d'ailleurs ne parvint à cet état de prospérité momentanée qu'avec le concours des blancs, qui, séduits par ses promesses fallacieuses, le secondèrent par tous les moyens que donnent les connoissances locales et le désir de conserver sa propriété. Les années 1802 et 1803 firent éclore de nouveaux élémens de destruction, le fer et la flamme étendirent leurs ravages sur les habitations et les cultivateurs. Les pertes pendant ces deux années sont incalculables, on peut donc supposer avec raison qu'une population de six cent mille ames en 1789, se trouva réduite en 1803 par les guerres étrangères, les crises intérieures, les cruautés de Dessalines et de Toussaint, la première irruption de ce dernier dans la partie espagnole, la débauche, la misère et les campagnes de 1802 et de 1803, à deux cent mille individus de tout âge et de tout sexe. De 1803 à 1811, les incursions mal dirigées dans la partie espagnole par Dessalines, les guerres sanglantes de Christophe et de Pétion, et toutes les autres causes de destruction, dont nous avons déjà parlé, ont dévoré au moins un tiers de cette population, et porté le dernier coup aux établissemens que ces fléaux destructeurs avoient épargnés; il reste donc aujourd'hui environ cent trente-trois mille individus nègres, tant femmes qu'enfant, vieillards, et hommes portant armes. On peut supposer encore avec raison que les guerres civiles, en continuant quelques années, réduiront cette misérable population à cent mille ames. Voilà donc cette puissante nation dont l'indépendance est si essentielle à l'intérêt de la France, et avec laquelle il faut de toute nécessité établir des relations commerciales de la plus haute importance; pour laquelle il faut sacrifier un commerce de cinq cents millions (1), et des moyens de prospérité incalculable pour la France! De

(1) M. Villebeforce, le plus ardent antagoniste du système colonial connoît trop bien les avantages énormes que la France retiroit de cette florissante colonie pour ne pas insister sur sa destruction. L'Angleterre a tout à gagner, et rien à perdre dans la suppression de la traite qui doit nécessairement mettre toutes les nations dans la dépendance des Anglais. La Jamaïque, le seul établissement important qu'ils aient, est une terre usée dont la conservation n'équivaudroit pas aux avantages d'un commerce exclusif.

pareilles idées n'excitent-elles pas la pitié de tout homme qui connoît les localités, et qui a un peu médité sur le caractère des peuples? Mais suivons ces plans dans tous leurs rapports, et voyons s'il existe un côté favorable où on puisse les envisager. Supposons, pour la troisième fois, que la population et la culture au lieu de déchoir par les guerres civiles actuelles, prennent une augmentation continuelle, et qu'à l'époque où il s'agira de prononcer l'indépendance des colonies, on puisse y trouver dans les relations commerciales avec les nègres, une compensation équivalente au sacrifice qu'on aura fait. Quelle sera la garantie d'un pacte social avec un peuple dont l'insociabilité morale est authentiquement reconnue? Comment compter sur des transactions commerciales avec un peuple qui, au premier signal de son intérêt, ou de son caprice, égorgera les facteurs de la compagnie, et pillera ses comptoirs? Tels sont cependant les résultats infaillibles des combinaisons de nos *Las Casas* modernes, auxquels on peut bien appliquer cette sage maxime d'un de nos grands poëtes :

Rien n'est si dangereux qu'un imprudent ami :
Mieux vaudroit un sage ennemi.

D'autres prétendent qu'on peut à l'exemple des Etats-Unis, engager les nègres pour un certain temps. Cette grande conception politique qui a peuplé l'Amérique aux dépens de l'Europe, qui a fait refluer de l'ancien continent dans le nouveau, les hommes laborieux et industrieux que le fléau des guerres forçoit d'abandonner leurs foyers, ne peut, sous aucun rapport, être applicable aux colonies. Aux Etats-Unis la masse de la population est blanche, le peuple y est civilisé, et contenu par des lois qu'il respecte, parce qu'il en connoît la force et la bonté; les liens qui réunissent tous les citoyens y sont religieusement conservés, et le droit de chaque individu y est solennellement garanti par le grand pacte social; mais dans un pays où la masse de la population est noire, et par conséquent ennemie déclarée de la couleur blanche, où les lois n'ont qu'une action temporaire, éventuelle et dépendante de l'énergie du gouvernement, ou de l'audace de ces hordes capricieuses et turbulentes, on ne doit se fier sous aucun rapport, aux conventions qui ne reposent que sur la bonne foi des parties contractantes.

En Amérique, les hommes qui s'engagent sont la plupart des Allemands laborieux, francs, constans dans leurs habitudes, et respectant les lois d'un pays, où l'industrie est la première des vertus sociales, où on ne peut sans travailler, exister, s'habiller et se chauffer, où tous les individus sont intéressés à dénoncer l'homme infidèle à ses sermens, et à charge à la société.

Dans les colonies, au contraire, les nègres y sont naturellement enclins à la paresse, à la tromperie, au vagabondage; l'oisiveté y est considérée comme la première des jouissances; et à l'instant où les nègres voudront manquer à leurs engagemens, ils ne seront retenus ni par la religion des sermens, ni par la crainte des lois dont ils peuvent impunément braver la puissance, dans un pays où ils trouvent facilement les moyens de pourvoir à leur existence et d'échapper aux poursuites de la vindicte publique, en se retirant dans des lieux inaccessibles, d'où ils ne sortent que d'après les avis officieux de leurs semblables, et pour venir commettre des brigandages sur les habitations voisines. J'imagine que, d'après ces notions précises et certaines sur la moralité des Africains, on doit considérer le projet des engagemens comme impraticable, chimérique et illusoire; on est forcé de convenir, après avoir examiné et médité tous les projets de restauration avec une scrupuleuse attention, que le seul convenable à l'intérêt de toutes les couleurs, est le rétablissement de l'ancien régime colonial, modifié par les sages règlemens d'un code noir, qui établira d'une manière précise, équitable et invariable les droits des colons et de leurs cultivateurs.

Je regrette que les bornes de cette notice ne permettent pas d'entrer dans une infinité de me détails relatifs à l'administration de nos colonies; mais indépendamment de ce motif, j'ai pensé que cette tâche difficile exigeoit une plume plus exercée que la mienne, et le secours des personnes qu'une longue expérience et des talens généralement reconnus rendoient les dépositaires de ces révélations importantes. Je me suis donc borné, dans cette circonstance, à présenter un tableau rapide des révolutions de St.-Domingue, à indiquer les erreurs qui ont amené sa destruction, à signaler les dangers d'un système philosophique dans cette colonie, et à présenter quelques vues relatives à sa restauration.

BIBLIOTHÈQUE ROYALE

FIN.

www.ingramcontent.com/pod-product-compliance
Ingram Content Group UK Ltd.
Pitfield, Milton Keynes, MK11 3LW, UK
UKHW021115290826
14628UKWH00014B/2274

9 782011 778321